Mi biblioteca de ciencias

Cambios en la Tierra

Lisa J. Amstutz y Alma Patricia Ramirez

Rourke
Educational Media

A Division of
Carson Dellosa Education

Antes de la lectura: *Desarrollo del conocimiento del contexto y el vocabulario*

Desarrollar el conocimiento del contexto puede ayudar a los niños a procesar la información nueva y usar como base lo que ya saben. Antes de leer un libro, es importante utilizar lo que ya saben los niños acerca del tema. Esto los ayudará a desarrollar su vocabulario e incrementar la comprensión de la lectura.

Preguntas y actividades para desarrollar el conocimiento del contexto:

1. Ve la portada del libro y lee el título. ¿De qué crees que trata este libro?
2. ¿Qué sabes de este tema?
3. Hojea el libro y echa un vistazo a las páginas. Ve el contenido, las fotografías, los pies de fotografía y las palabras en negritas. ¿Estas características del texto te dieron información o predicciones acerca de lo que leerás en este libro?

Vocabulario: *El vocabulario es la clave para la comprensión de la lectura*

Use las siguientes instrucciones para iniciar una conversación acerca de cada palabra.

- Lee las palabras de vocabulario.
- ¿Qué te viene a la mente cuando ves cada palabra?
- ¿Qué crees que significa cada palabra?

Palabras de vocabulario:
- *corteza*
- *erosión*
- *deslizamiento de tierra*
- *costa*

Durante la lectura: *Leer para obtener significado y entendimient*

Para lograr la comprensión profunda de un libro, se anima a los niños a que usen estrategias de lectura detallada. Durante la lectura, es importante hacer que los niños se detengan y establezcan conexiones. Estas conexiones darán como resultado un análisis y entendimiento más profundos de un libro.

 Lectura detallada de un texto

Durante la lectura, pida a los niños que se detengan y hablen acerca de lo siguiente:

- Partes que sean confusas
- Palabras que no conozcan
- Conexiones texto a texto, texto a ti mismo, texto al mundo
- La idea principal en cada capítulo o encabezado

Anime a los niños a usar las pistas del contexto para determinar el significado de las palabras que no conozcan. Estas estrategias ayudarán a los niños a aprender a analizar el texto más minuciosamente mientras leen.

Cuando termine de leer este libro, vaya a la última página para ver una **Actividad para después de la lectura.**

Contenido

La Tierra está cambiando

Las montañas crecen. Los ríos fluyen.

¡La superficie de la tierra siempre está cambiado!

El curso de este río fluye alrededor de la tierra.

5

Cambios rápidos

Los cambios pueden suceder rápido.

Los terremotos dividen la **corteza** de la Tierra.

Los volcanes arrojan lava. Cuando la lava se enfría, se forman nuevas rocas.

¡Zaz! Las rocas chocan con la tierra.

Un **deslizamiento de tierra** cambia el lado de una montaña.

Las olas gigantes chocan.

Las olas pueden cambiar la forma de la **costa** durante una tormenta.

Las inundaciones se llevan las rocas y la tierra.

Pueden cambiar el curso de un río.

Cambios lentos

Otros cambios suceden lentamente.
Toman muchos años.

El Gran cañón se formó durante millones de años.

El viento, el agua y el hielo lentamente desgastan las rocas.

A esto se le llama **erosión**.

La erosión puede formar cañones. Un cañón es un lugar bajo rodeado de lados escarpados.

La erosión del viento ayudó a darle forma a ese cañón.

La corteza de la Tierra se mueve. Algunas partes chocan. Esto puede formar montañas.

Una falla es una grieta en la corteza de la Tierra. Las fallas pueden ser angostas o anchas.

¡La tierra está cambiando todos los días!

Las fallas se encuentran en la tierra que está debajo del agua.

Glosario de fotografías

corteza (cor-te-za): La capa dura exterior de un planeta.

erosión (e-ro-sión): El desgaste gradual de una sustancia, ocasionado por agua o viento, como en la erosión del suelo.

deslizamiento de tierra (des-li-za-mien-to de tierra): Una masa de tierra y rocas que repentinamente se desliza hacia abajo de una montaña o cerro.

costa (cos-ta): La tierra a lo largo de la orilla de un océano, un río o un lago.

Experimento de erosión

Intenta esta actividad para saber qué tan rápido se erosionan los diferentes materiales.

Materiales

4 bandejas (plástico o metal)

plastilina

arena

regadera para plantas

grava

agua

tierra

Instrucciones

1. Llena cada bandeja con un material diferente. Inclina hacia arriba una orilla de la bandeja.

2. Usa una regadera para plantas para verter agua en cada bandeja.

3. Mira lo que sucede cuando el agua fluye. ¿Cuál material se erosiona más rápido?

23

Índice

Acerca del autor

Lisa J. Amstutz es autora de más de 100 libros infantiles. A ella le gusta aprender acerca de las ciencias y compartir datos divertidos con los niños. Lisa vive en una pequeña granja con su familia, dos cabras, un averío de gallinas y una perrita que se llama Daisy.

Actividad para después de la lectura.

Usa una barra de chocolate para construir tu comprensión de la manera en que la tierra cambia las placas. Elige una barra de chocolate con múltiples capas. Usa un tenedor para hacer una grieta en el chocolate. Es similar a una falla en la corteza de la Tierra. Luego, rompe el chocolate y separa las partes. Luego, júntalo de nuevo. Esto muestra cómo se forman las montañas cuando las placas se juntan. Por último, cómete la corteza de tu Tierra de chocolate.

Library of Congress PCN Data

Cambios en la Tierra / Lisa J. Amstutz
(Mi biblioteca de ciencias de la Tierra y el espacio)
ISBN (hard cover)(alk. paper) 978-1-73164-904-1
ISBN (soft cover) 978-1-73164-852-5
ISBN (e-Book) 978-1-73164-956-0
ISBN (e-Pub) 978-1-73165-008-5
Library of Congress Control Number: 2021935558

Rourke Educational Media
Printed in the United States of America
01-1872111937

Editado por: Hailey Scragg
Diseño de portada: Rhea Magaro-Wallace
Diseño de interiores: Jen Bowers
Traducción: Alma Patricia Ramirez
Photo Credits: Cover logo: frog © Eric Phol, test tube © Sergey Lazarev, p4 © Arseniy Rogov, p5 © nazar_ab, p6 © Alexlky, p7 lava flow © Vershinin–M, lava rock © abadonian, p8 © tirc83, p9 © gece33, p10 © ShannonStent, p12 © 2018 Nancy Nehring, p13 © Gibson Outdoor Photography, LLC, p14 © Agnieszka Gaul, p16 © foto Voyager, p18 © AndrewSoundarajan, p20 © Elsvander Gun, p21 © Lindsay Lou, p22 shore © adamkaz, All interior images from istockphoto.com.